ACANTE
ET
CEPHISE,
OU LA SYMPATIE,

PASTORALE HÉROÏQUE,

A L'OCCASION DE LA NAISSANCE

DE MONSEIGNEUR LE DUC

DE BOURGOGNE,

REPRÉSENTÉE

POUR LA PREMIERE FOIS

PAR L'ACADÉMIE ROYALE

DE MUSIQUE,

Le Jeudy 18 Novembre 1751.

PRIX XXX SOLS.

AUX DÉPENS DE L'ACADÉMIE.

A PARIS, Chez la V. DELORMEL & FILS, Imprimeur de ladite
Académie, rue du Foin, à l'Image Ste. Geneviéve.

On trouvera des Livres de Paroles à la Salle de l'Opéra.

M. DCC. LI.

Les Paroles de *M. MARMONTEL.*

La Musique de *M. RAMEAU.*

ACTEURS CHANTANS.

Dans les Chœurs.

Côté du Roi.		Côté de la Reine.	
Mesdemoiselles.	*Messieurs.*	*Mesdemoiselles.*	*Messieurs.*
Dun.	Lefebvre.	Rollet.	Gratin.
Tulou.	Le Page, C.	Daliere.	Le Mesle.
Delorge.	S. Martin.	Masson.	Bertrand.
Larcher.	Dun, fils.	Chefdevile.	Chaboud.
Cazeau.	Gélin.	Gondré.	Levasseur.
LeTourneur.	Fel.	Hery.	Chapotin.
La Croix.	Rochette.	Duval. 1re.	Favier.
Sallaville.	Le Roy.	Adelaïde.	Feret.
Duval. 2e.	Selle.		Du Perrier.
	Roze.		Lombard.
	Robin.		

ACTEURS CHANTANS.

ACANTE, *Amant de Céphise.*   Mr. Jeliote.

CÉPHISE, *Amante d'Acante.*   Mlle. Fel.

OROES, *souverain Génie des airs, amou-*
    reux de CÉPHISE.   M^{r.} De Chassé.

ZIRPHILE, *principale Fée, protectrice*
    de CÉPHISE *&* d'ACANTE.   Mlle. Chevalier.

UNE FÉE.   Mlle. Coupée.

CHŒUR *& troupes de Fées, suivantes de*
    Zirphile.

CHŒUR *& troupe de Génies & des Fées*
    suivans d'Oroes.

DEUX CORIPHÉES *de ses*   Mr. Poirier.
    SUIVANS.   M^{r.} Le Page.

LA GRANDE PRÉTRESSE *de l'Amour.* Mlle. Romainville.

DEUX AUTRES PRÉTRESSES.   Mlle. Coupée.
    Mlle. Gondré.

PRÉTRESSES de L'AMOUR.

CHŒURS *& troupes d'Amans heureux*
    & malheureux.

DELIE, *jeune Bergere Chantante &*
    Dansante.   Mlle. Puvigné.

UNE AUTRE BERGERE.   Mlle. Lemiere.

BERGERS & BERGERES.

SUIVANTS D'OROES, *sous la forme de*
    Chasseurs & de Pâtres.

UN DE CES SUIVANS.   Mr. Cuvillier.

TROUPES D'AQUILONS.

CHŒURS *& troupes d'Esprits cruels & de*
    Génies malfaisants.

UN BERGER.   M^{r.} De la Tour.

UNE BERGERE.   Mlle. Coupée.

CHŒURS *& troupes de Génies, de Fées, d'Esprits Aëriens,*
Silphes & Silphides, & de Peuples de différens caractéres.

PERSONNAGES DANSANS.

ACTE PREMIER.

PREMIER DIVERTISSEMENT.

FÉES SUIVANTES DE ZIRPHILE.

Mlle. CARVILLE.

Mlles. Bellenot, Beaufort, Puvignée, m. Defirée, Parquet, Ponchon, Defchamps, Coura.

SECOND DIVERTISSEMENT.

GÉNIES ET FÉES, SUIVANS D'OROES.

Mr DUPRE?.

M^r. LAVAL.

M^{rs}. LYONNOIS, VESTRIS. Mlles. LABATTE, VESTRIS.

Mlle. REIX.

M^{rs}. Dupré, Feuillade, Caiez, Bourgeois, Gobert, Hyacinte.

Mlles. Sauvage, Brifeval, Couppé, Ponchon.

ACTE SECOND.

PREMIER DIVERTISSEMENT.

BERGERS ET BERGERES.

Mʳ. BEAT.

Mˡˡᵉ. PUVIGNE'.

Mʳˢ. Hamoche, Feuillade, Caiez, Le Lievre, Bourgeois.

Mˡˡᵉˢ. Courcelles, Beaufort, Thierry, Puvigné, m. Gaulthier.

SECOND DIVERTISSEMENT.

Suivans d' OROES *fous la forme de* CHASSEURS ET DE PASTRES.

CHASSEURS & CHASSERESES.

Mˡˡᵉ. VESTRIS.

Mʳˢ. Defplaces 1ᵉ.; Defplaces c.

Mˡˡᵉ. Defirée, Bellenot.

PASTRES & PASTOURELLES.

Mʳ. LANY.   Mˡˡᵉ. LYONNOIS.

Mʳˢ. Laurent, Hyacinthe, Gobert.

Mˡˡᵉˢ. Dazenoncourt, Victoire, Couppé.

ACTE TROISIEME
PREMIER DIVERTISSEMENT.
ESPRITS CRUELS.

M^r. LYONNOIS. M^r. VESTRIS.

M^{rs}. Dupré, Le Lievre, Saunier, Gobert,
Desplaces 1e. Desplaces c.

SECOND DIVERTISSEMENT.
GÉNIES & FÉES.

Mlle. DAZENONCOURT.

M^{rs}. Caiez, Feuillade, Hyacinthe.

Mlles. Sauvage, Briseval, Couppé.

SYLPHES & SYLPHIDES.

Mr LANY. Mlle. PUVIGNE'.

M^{rs}. Hamoche, Laurent, Beat.

Mlles. Thierry, Victoire, Gaulthier.

BERGERS & BERGERES.

Mlle. VESTRIS.

M^{rs}. Bourgeois, Gobert, Desplaces c.

Mlles. Courcelles, S. Germain, Ponchon.

PEUPLES DE DIFFERENTS CARACTERES.

M^r. TESSIER.

Mlle. REIX.

Mr LANY, Mlle. LYONNOIS.

M^r. Desplaces 1e. Saunier.

Mlles. Desiré, Bellenot.

AVERTISSEMENT.

DANS les Poëmes Liriques, deſtinés comme celui-ci a célébrer de grands évenemens ; il eſt d'uſage de conſacrer le Prologue à l'objet de la Fête, & d'en détacher l'action du Poëme. Par-là on détourne l'intérêt & l'attention de ce qui devroit les fixer pendant tout le cours du Spectacle.

L'Auteur a crû plus convenable de faire dépendre l'action de ce Poëme de la naiſſance du PRINCE qui en eſt l'objet, & d'en tirer le dénouement, au lieu d'en faire l'avant Scéne. Cet enchaînement de deux actions étrangeres l'une à l'autre ne pouvoit s'opperer que par le merveilleux, mais on ne ſauroit trop l'emploier ſur le Théâtre de l'illuſion. Au reſte, il a falu ſacrifier la ſcéne au ſpectacle, & ſes nuances à la rapidité. Contrainte malheureuſe & déſormais inévitable

Quelques perſonnes ſeront ſurpriſes qu'on ait reuni la Mitologie & la Féerie dans un même ſujet : mais qu'on faſſe attention que ces deux ſiſtêmes ont été réellement unis dans l'oppinion des hommes. Les mêmes Peuples qui dreſſoient des Autels à Venus & à l'Amour, croioient que le Génie de Pompée avoit tremblé devant celui de Ceſar, & que le Demon de Brutus lui avoit prédit ſa défaite.

POUR tenir lieu de Prologue on a eſſaié de peindre dans l'ouverture, *autant qu'il eſt poſſible à la Muſique,* les vœux de la Nation, & les rejouiſſances publiques, à la nouvelle de la naiſſance du PRINCE.

Acante

ACANTE
ET CEPHISE,
OU
LA SIMPATHIE.

ACTE PREMIER.

Le Theâtre Repréſente un lieu champêtre. Au fond un Vallon entrecoupé de ruiſſeaux. Au ſommet du coteau qui forme ce Vallon, eſt le Palais d'une Fée d'une Ar-chitecture légere, au-deſſous duquel ſont les Jardins de ce Palais, ſur la pente du coteau.

SCENE PREMIERE.

CÉPHISE, ACANTE, ſortants, chacun de l'un des côtés du Theâtre.

ACANTE avec joie.

CEPHISE!

CÉPHISE avec douleur.

Acante! Hélas!

ACANTE.

D'où naiſſent vos allarmes?

B

10   **A C A N T E**

C E P H I S E.

O difgrace ! ô tourment !

A C A N T E.

Qui fait couler vos larmes ?

C E P H I S E.

Dieux, Sauvez mon Amant !

A C A N T E.

Ce filence fait mon fuplice :
Parlez.

C É P H I S E.

Ton odieux rival
Veut qu'un himen fatal
A fon deftin m'uniffe.

A C A N T E.

Et la Fée y confent !

C É P H I S E.

Elle quitte ces lieux :
Elle nous abandonne.

A C A N T E.

O Dieux !
Zîrphile, dont le foin propice
Sous fes yeux, dès l'enfance, a daigné nous former

Pour être unis, pour nous aimer!...
Elle veut donc que je périffe.

SCENE II.

CEPHISE, ACANTE, ZIRPHILE.

FÉES SUIVANTES DE ZIRPHILE.

ZIRPHILE.

Tendres Amants, confolez-vous:
On eft heureux par l'efpérance,

Sous les yeux même des jaloux,
Elle nous fait jouir d'avance
Des biens qu'ils éloignent de nous.

Tendres amants, &c.

Sur fes aîles un cœur s'élance
Au-devant d'un deftin plus doux.

Tendres amants, &c.

CÉPHISE.

Quel efpoir peut me confoler?
Un Tiran me pourfuit.

Z I R P H I L E.

Cessez de vous troubler :
On respecte ce que l'on aime.

C É P H I S E.

Si je tremblois pour moi-même ;
Je cesserois de trembler.

Oubliez-moi ; mais prenez soin d'Acante.
Je ne crains, je ne sens, je ne vis que pour lui.
Acante on t'abandonne , & tu n'as pour appui
Que les pleurs d'une foible amante.

Z I R P H I L E.

Au superbe ennemi qui trouble votre amour
La loi du Destin m'a soumise.
Il doit m'obéir à son tour ,
Et sa puissance m'est promise ;

Mais l'instant favorable où je dois l'obtenir
Se dérobe à mes yeux dans le sombre avenir.

Des Dieux la sagesse profonde ,
Sans s'expliquer encor , m'ordonne de vôler
Aux lieux , où leurs décrets doivent se reveler.

Sur ce présage heureux tout mon espoir se fonde.

Allons mêler nos vœux aux vœux de l'Univers.

Au zéle des humains que mon zéle réponde.
Méritons l'empire des airs,
En veillant au bonheur du monde.

CHŒUR des suivantes de Zirphile.

Méritez l'empire, &c.

CÉPHISE.

Vaine espérance, hélas ! Il ne faut qu'un moment
Pour perdre mon Amant.

ZIRPHILE.

Calmez la frayeur qui vous glace :
Nous pouvons enchaîner la fureur d'un jaloux.

CÉPHISE.

Parlez, que faut-il que je fasse ?

ZIRPHILE.

Il n'oseroit la déployer sur vous ;

CÉPHISE.

Ah ! C'est Acante qu'il menace.

ZIRPHILE.

Il nous reste un moyen de suspendre ses coups.

*Elle leur montre un Talismant
en forme de Brasselet.*

Par le pouvoir secret de ce lien magique,
    Je veux qu'un accord sympatique
      De sentimens & de desirs,
    Rende commun vos maux & vos plaisirs.
    Sans vous voir & sans vous entendre,
    Tous deux saisis en même tems . . .

A C A N T E & C E P H I S E.

    Sans nous voir & sans nous entendre !

Z I R P H I L E.

    Tous deux où plaintifs, où contens . . .

A C A N T E.

Non, de ce charme affreux mon cœur doit la dé-
fendre.

Du sort qui me poursuit laissez moi la rigueur :
Ma peine partagée en seroit plus cruelle.
    Je ne veux avoir avec elle
    Rien de commun que mon bonheur.

Z I R P H I L E, à Acante.

    Une si tendre allarme
Me touche, m'interesse, & ne m'arrête pas.

            à sa Suite.

    Vous esprits qui suivez mes pas,
Formez pour les unir une invincible charme.

Une troupe de Fées de la suite de ZIRPHILE, *leurs Baguettes à la main, dansent autour* D'ACANTE & *de* CEPHISE, & *forme le charme de la sympatie.*

UNE FÉE.

Que la sympatie a d'attraits !
Nœuds secrets,
Douce violence,
Sans vous l'Amour lance
D'inutiles traits.

Deux cœurs que vos charmes inspirent,
Soupirent
En s'approchant.
Un regard touchant
Peint ce qu'ils désirent.
Tous deux ils s'attirent
D'un même penchant.

Les Fées en dansant, prenent le Brasselet des mains de ZIRPHILE, & *le remettent à* ACANTE.

ZIRPHILE *aux deux Amants, en les quittant.*
Adieu, conservez bien ce gage
Du nœud secret qui vous engage.
Livrez vos cœurs à des liens si doux.
Que vos penchants se répondent,
Que vos désirs les secondent ;
Ne formez qu'une ame entre vous.

ZIRPHILE *les quitte,* & *s'élève dans un nuage qui l'envelope.*

SCENE III.

ACANTE, CEPHISE. Suite de ZIRPHILE.

A C A N T E & C E P H I S E.

Livrons nos cœurs à des liens si doux.
Que nos penchants se répondent,
Que nos soupirs les secondent,
Ne formons qu'une ame entre nous.

LE CHŒUR avec eux.

Livrez vos cœurs, &c.

Pendant ce Chœur le Ballet entoure
ACANTE & CEPHISE.

SCENE IV.

OROES, Souverain GENIE des Airs, CEPHISE, ACANTE, Suite du GENIE, suite de ZIRPHILE.

LE GENIE à part, au fond du Théâtre.

NON je ne serai point impunement jaloux.

en avançant.

Cephise demeurez. Acante éloignez-vous.

à sa Suite.

Qu'on le saisisse.

CEPHISE.

CEPHISE, *tremblante*.

Quel courroux !

LE GENIE.

Qu'on m'obéiffe.

à Acante.

Eloignez-vous, éloignez-vous.

CEPHISE *fe precipite vers fon Amant pour le retenir. Les* GENIES *entraînent* ACANTE ; *la fuite de* ZIRPHILE *fe retire épouvantée.*

SCENE V.
LE GENIE, CEPHISE.

LE GENIE *à* CEPHISE, *qui cherche des yeux* ACANTE.

REvenez de ce trouble extrême.
Je veux vous rendre heureufe.

CEPHISE.

O Ciel ! Quelle rigueur !
Vous m'enlevez tout ce que j'aime ;
Et vous me parlez de bonheur !

C

L E   G E N I E.

Vous ne connoiſſez pas les biens que vous pré-
    pare
L'amour d'un Immortel juſqu'à vous deſcendu.

C E P H I S E.

Eſt-il quelque bien qui répare
    Celui que j'ai perdu ?
    Ah ! S'il ne m'eſt rendu,
Je ne vois en vous qu'un barbare.

L E   G E N I E.

Je pardonne aux premiers éclats
    D'une douleur qui m'irrite.
On regrette un bien que l'on quite
Pour un bien qu'on ne connoît pas.

Mais du paſſé bientôt vous perdrez la mémoire,
Quand d'un doux avenir vous ſentirez le prix ;
Et je vais déployer à vos regards ſurpris
    Et ma puiſſance & votre gloire.

Le Théâtre change, & repréſente des Jardins enchantés.

SCENE VI.

LE GENIE, CEPHISE. Suite du GENIE.

CEPHISE que rien ne peut distraire de sa douleur, demeure accablée sur un lit de Gazon pendant le Divertissement.

CHŒUR des Suivants du GENIE, avec deux CORIPHÉS à leur tête.

Triomphez belle Cephise.
Le plaisir vole sur vos pas.
L'Amour qui vous favorise
D'un éclat immortel couronne vos appas.

Une nouvelle Troupe de Suivants du GENIE entre en dansant.

LE PREMIER CORIPHÉE. *

L'inconstance renouvelle
Et ranime le plaisir.
Jurer une ardeur fidelle,
C'est limiter le désir.
L'avantage d'une belle
Est de changer pour choisir.

On danse.

* Tous les Airs suivants s'adressent à CEPHISE.

C ij

LE SECOND CORIPHÉE.

D'une jeunesse éternelle
Assûrez-vous les douceurs.

Le Primtems d'une mortelle
Fuit comme celui des fleurs.
Vainement l'Amour en pleurs
Le regrette & le rappelle.

D'une jeunesse, &c.

On danse.

LES DEUX CORIPHÉES.

Un Immortel vous céde la victoire :
Qu'il soit vainqueur à son tour.
L'Amour embellit la Gloire,
La Gloire embellit l'Amour.

LE PREMIER CORIPHÉE.

De l'Amant qui vous adore
La nature entend la voix.
L'émail des champs, la verdure des Bois
Sont des trésors qu'il fait éclore.
Pour voler dans le sein de Flore,
Zéphire même attend ses Loix.

CHŒUR.

Un Immortel, &c.

On danse pendant ce CHŒUR,
chaque fois qu'on le reprend.

LES DEUX CORIPHÉES.

A sa voix les Vents en fureur
Sur les flots soulevés déchaînent les orages.
Il parcourt l'Univers, porté sur les nuages;
Devant lui vole la terreur,
Il laisse après lui les ravages.

CHŒUR.

Un Immortel, &c.

*Le Chant & la Danse sont interrompus par les cris subits
de CEPHISE, sur qui agit la SYMPATIE.*

CEPHISE, *interrompant le Divertissement.*

Acante, où sommes-nous? Dieux! Quelle obscurité!
Quelle horrible prison! Quelle pesante chaîne!

LE GENIE.

Vous êtes en un lieu, par l'Amour enchanté,
Où vous régnez en Souveraine.

CEPHISE.

Acante, où sommes-nous? Ah! Quelle cruauté!
Barbares, par quel crime avons-nous mérité
Cette effroyable peine?
Acante! Cher Acante! Hélas!

LE GENIE.

Quel prodige inoui que je ne comprends pas?

à CEPHISE.

Livrés-vous aux plaisirs que l'Amour vous présente.

CEPHISE.

Acante ! Cher Acante !
Hélas !

LE GENIE, *à part.*

Je suis trahi. Perfide Fée !
Je reconnois ton noir enchantement.

CEPHISE, *tombant évanouie.*

Je succombe à ce long tourment.

LE GENIE.

O Ciel ! Par la douleur sa voix est étouffée !
Faut-il pour la sauver lui rendre son Amant ?

Oui, cédons à l'effroi dont mon ame est saisie.
Que la pitié, dans ce moment,
Triomphe de la jalousie.

Le GENIE *exprime la délivrance d'*ACANTE*, par un mouvement de sa Baguette.*

CEPHISE, *revenant de son évanouissement.*

Ah que mes sens sont soulagés !
Que ces lieux sont changés !

Quelles mains ont brisé cette chaîne accablante ?
Acante !

SCENE VII.

ACANTE ET LES PRECEDENTS.
ACANTE, courant à CEPHISE.

CEphise !

CEPHISE, *courant au-devant* D'ACANTE.

Acante !

ENSEMBLE.

{ CEPHISE. Acante } Est-ce vous que je voi ?
{ ACANTE. Cephise }

{ ACANTE. CEPHISE. } Quel bonheur ! Quelles délices !
{ LE GENIE, *à part.* } Quelle gêne ! Quels fuplices !

CEPHISE.

Que j'ai plaint vos tourmens !

ACANTE.

Que j'ai craint votre effroi !

ENSEMBLE.

{ CEPHISE. Acante } Est-ce vous que je voi ?
{ ACANTE. Cephise }

24   ACANTE

CEPHISE.

Quel Dieu nous réunit ?

LE GENIE, à CEPHISE.

C'est moi.
Moi, que vous accablez d'une rigueur extrême.

CEPHISE.

Mettez le comble à ce soin généreux.

ACANTE & CEPHISE.

Jusqu'au tombeau permettez que je l'aime.
En faisant des heureux,
Ne l'est-on pas soi-même ?

LE GENIE.

Non, je ne puis souffrir un bonheur qui m'accable.
Ma pitié laisse encor ce jour à vos regrets ;
Mais, ce jour expiré ; je suis inéxorable.
Preparez-vous à ne vous voir jamais.

*Le GENIE se retire avec toute sa Suite. Le Théâtre
change, & redevient le même qu'au commencement
de l'Acte.*

SCENE

SCENE VIII.

ACANTE & CEPHISE, *seuls.*

ACANTE.

LE Temple de l'Amour est voisin de ces lieux ;

Pour nous il peut faire un miracle.

Ayons recours au plus charmant des Dieux ;

Allons consulter son Oracle.

ENSEMBLE.

Qu'un ennemi jaloux

Fasse éclater sa haine ;

Qu'il lance tous les traits d'un injuste couroux.

Si nous sommes unis d'une éternelle chaîne,

Sa fureur sera vaine.

D

ACANTE

Sa fureur fera vaine.,
Si l'Amour eft pour nous.

Acante & Cephise fe donnent la main, &
s'en vont au Temple de l'Amour.

FIN DU PREMIER ACTE.

ACTE SECOND.

Le Théâtre repréfente le Temple de l'Amour, entouré d'un bois facré. Ce Temple eft une colonade ovale en marbre blanc, Au milieu de laquelle eft la Statue du Dieu. Le Bois eft percé de diverfes routes qui conduifent au Temple.

SCENE PREMIERE.

LE GÉNIE *feul.*

MOUR, je ne viens point au pié de ton autel
Exhaler en foupirs un courroux légitime.
Comme-toi je fuis immortel ;
Et je fçais braver qui m'opprime.

Mon rival croit trouver un azile en ces lieux ;
Je vais l'immoler à tes yeux.
Mais Céphife... je tremble au nom de la victime !

D ij

Aux jours de mon rival ses beaux jours sont unis.
Je la perds , si je le punis. . . .
Faut-il la voir périr ? Faut-il le laisser vivre ?
S'il descend au tombeau , Céphise va le suivre.
S'il voit le jour , il est aimé.

Rompons , rompons le nœud que Zirphile a formé.
Employons le détour si la menace est vaine.

Sauvons l'objet qui m'a charmé ;
Et perdons l'objet de ma haîne.

On entend un prélude d'instrumens.

Du Dieu qui me poursuit voici l'heureuse Cour.
De ces Amants évitons la présence.
Ils viennent invoquer l'Amour ;
Allons préparer ma vangeance.

Il sort.

SCENE II.

CHŒUR ET TROUPES DE PRETRESSES
DE L'AMOUR *qui sortent du Temple.*

CHŒUR ET TROUPES D'AMANTS
HEUREUX ET MALHEUREUX *qui arrivent
de toutes parts.*

CHŒURS D'AMANTS.

AMour écoutez nos vœux,

LES HEUREUX. {Serrez
LES MALHEUREUX. {Rompez } à jamais nos nœuds.

LES HEUREUX.

Que vos plaisirs sont doux !

LES MALHEUREUX.

Que vos peines sont rudes !
Que vous causés d'inquiétudes !

LES HEUREUX.

Que vous faites d'heureux !

TOUS.

Amour écoutez nos vœux.

LES HEUREUX. {Serrez
LES MALHEUREUX. {Rompez } à jamais nos nœuds.

 A C A N T E

LA GRANDE PRETRESSE.

Au culte du Dieu du bonheur
Pourquoi mêler une plainte indiscrette ?
Le trouble qu'il répand dans une ame inquiette
Est lui-même une faveur.

Chantez l'Amour, chantez ses charmes.
Si son empire a des allarmes ;
C'est pour animer les désirs.
Chantez l'amour, chantez ses charmes.
Si son empire a des allarmes ;
Le calme qui les suit rend plus doux les plaisirs.

CHŒURS *de* PRÉTRESSES *&* D'AMANTS *heureux.*

{ Chantez } l'amour, &c.
{ Chantons }

UNE PRÉTRESSE.

Tout rend homage
A ce Dieu puissant.
Le Papillon volage,
Le Lion rugissant,
Le Rossignol dans son ramage,

TOUS LES CHŒURS.

Tout rend homage
A ce Dieu puissant.

SCENE III.

ACANTE, CEPHISE, ET LES PRECEDENTS.

ACANTE à la grande Prétresse.

VOus voyez deux tendres Amants
Que poursuit d'un jaloux la fureur implacable.
Du Dieu qui reçut nos sermens,
Nous venons consulter l'oracle irrévocable,
Sur le terme de nos tourmens.

LA GRANDE PRÉTRESSE.

Je vais l'interroger. A des nœuds si charmants
Puisse-t'il être favorable !

Les Prétresses entrent dans le Temple qui se couvre de nuages.

CEPHISE.

Notre arrêt va se prononcer.

ACANTE.

Je tremble.

CEPHISE.

Je frémis,

ACANTE.

Quel moment redoutable !

32   **A C A N T E.**

C E P H I S E.

Dieux ! Que va-t'on nous annoncer ?

E N S E M B L E.

Tendre amour $\left\{\begin{array}{c}\text{Acante}\\\text{Cephise}\end{array}\right\}$ t'appelle.

C E P H I S E.

Sois son vengeur.

A C A N T E.

Sois son appuy.

C E P H I S E.

Je ne t'implore que pour lui.

A C A N T E.

Je ne t'implore que pour elle.

E N S E M B L E.

Si ses vœux sont remplis, mes vœux sont satisfaits.
Que son bonheur soit le prix de ma flâme.
Lance tous tes traits dans mon ame ;

$\left\{\begin{array}{l}\text{Epuise pour lui}\\\text{Pour elle épuise}\end{array}\right\}$ tes bienfaits.

*Les nuages qui couvroient le Temple se dissipent, & les
Prétresses en sortent.*

LA GRANDE PRÉTRESSE *à Acante
& à Céphise.*

LE JOUR OU TOUS LES CŒURS RENDRONT GRACE
A L'AMOUR,
VOUS SEREZ UNIS SANS RETOUR.

Les Prétresses rentrent dans le Temple.

SCENE

SCENE IV.

CÉPHISE, ACANTE, Chœurs des Amants.

CÉPHISE.

LE jour où tous les cœurs rendront grace à
l'Amour !
Helas ! Et quand viendra ce jour ?

ACANTE.

Dans l'empire amoureux on n'entend que des
plaintes.

CÉPHISE.

Triste absence, jalouses craintes ,
Que vous faites passer de rigoureux instants !

ACANTE.

Combien de beautés cruelles !

CÉPHISE.

Combiens d'amans inconstans !

ACANTE.

Combien peu de cœurs contens,
Même entre les cœurs fidéles !

E

CHŒUR *des Amans malheureux.*

Non, il n'est point de cœurs contens,
Même entre les cœurs fidelles.

Amour écoutez nos vœux.
Rompez à jamais nos nœuds.

C E P H I S E.

Acante, quels accents !

A C A N T E.

Helas ! Qu'ils m'attendriffent !
Ce font des Amans qui gémiffent.
Effayons d'adoucir leurs tourmens rigoureux :
C'eft hâter le moment que nous promet l'Oracle.
Moins il fera de malheureux,
Moins à notre bonheur il reftera d'obftacle.

Différentes troupes d'Amans expriment par leurs danfes
leurs mécontentemens, en fe fuyant les uns les autres.

C E P H I S E *à ces Amans.*

Amans qui vous fuyés, ceffez de vous contraindre.
On perd d'heureux momens à feindre
Une haîne qu'on ne fent pas.

On s'évite, & l'on foupire :
On s'éloigne, & l'on défire
De retourner fur fes pas.

Amans qui vous fuyez, &c.

ACANTE aux mêmes.

Avant de se réunir,
Chacun veut-être pour sa gloire
Le dernier à revenir.
Mais quand sur le dépit l'amour a la victoire ;
Aucun des deux ne veut croire
Qu'on ait pû le prévenir.

DELIE, *jeune Bergere chantante & dansante, paroît sur
la Scene évitant son Berger qui la suit.*

ACANTE à Délie.

Pourquoi fuir ainsi les pas
D'un Amant empressé qui pour vous semble vivre ?

DÉLIE avec dépit.

Je lui défends de me suivre.

CEPHISE.

Lui pardonneriez-vous de ne vous suivre pas ?

DELIE.

Dois-je regretter un volage,
Qui ne cesse de m'allarmer ?

L'infidele voudroit charmer
Chaque Beauté qui brille à son passage.

Dois-je regretter, &c.

ACANTE.

Est-ce un crime que d'enflammer

E ij

Des cœurs dont-il vous fait homage ?
C'eſt pour vous engager à l'aimer encor mieux,
Qu'il ſe fait aimer de mille autres :
Il ne veut plaire à tous les yeux
Que pour être plus cher aux vôtres.

Le Berger danſant s'avance vers Délie.

Laiſſez, laiſſez-vous entraîner.
Punir un tendre amant, c'eſt ſe punir ſoi-même.
Ah ! Qu'il eſt doux de pardonner ;
Quand on pardonne à ce qu'on aime !

DÉLIE courant vers ſon Berger.

Ah ! Qu'il eſt doux de pardonner ;
Quand on pardonne à ce qu'on aime !

TOUS LES CHŒURS D'AMANS.

Ah ! Qu'il eſt doux, &c.

On danſe, le Ballet exprime la réconciliation des amans.

UNE BERGERE.

Chaſſons
De nos plaiſirs tranquilles
Les plaintes inutiles
Les vains ſoupçons.

Qui craint
A ſon tour ſe fait craindre ;

L'on n'eſt que plus à plaindre
Quand on ſe plaint.

Le Ballet recommence. On entend un Prélude qui annon-
ce l'arrivée du Génie. Tout le monde ſe retire, Acante
& Céphiſe ſe diſpoſent à ſe retirer auſſi.

SCENE V.

LE GENIE, ACANTE, CEPHISE.

LE GÉNIE arrêtant Acante & Céphiſe.

NE puis-je inſpirer que l'effroy ?
Tout fuit, tout tremble à mon approche !
Non, n'attendez plus de moy
Ni menace, ni reproche.

Un cœur qui s'eſt laiſſé charmer,
Souffre trop à ſe faire craindre.

à Céphiſe.

Cruelle, je n'ai pû vous forcer à m'aimer ;
Je veux du moins vous forcer à me plaindre.
Je m'immole à vôtre bonheur.
Le ſoin de l'accomplir eſt le ſeul qui m'anime.
Le plaiſir d'en être l'Auteur
Va me faire oublier que j'en ſuis la victime.

C E P H I S E.

Qu'entens-je ? eft-ce un fonge flateur ?
Ne m'abufez-vous point d'une efpérance vaine ?
Eft-il bien vrai ? l'amour a fléchi votre cœur !

L E G E N I E *à part.*

Que fa joye irrite ma haîne !

à Cephife.

Oui je permets que fans retour
Acante obtienne ce qu'il aime.

Et dans le Temple de l'Amour
Je prétends vous unir moi-même.

A C A N T E & C E P H I S E.

Que ce triomphe eft généreux !
Des Dieux en vous nous adorons l'image.
Vous êtes bienfaifant comme eux ;
Comme eux recevez notre hommage.

*On entend le prélude d'une fimphonie champêtre d'un
caractere guai.*

L E G E N I E.

Pour célébrer ce jour les habitans des bois
Près de vous en ces lieux accourent à ma voix.

SCENE VI.

LES PRECEDENTS, TROUPE DES SUIVANS
DU GENIE *sous la forme de Chasseurs & de Pâtres.*

CHŒUR DES SUIVANS DU GENIE *qui en-*
trent en dansant.

CHantons deux Amans constans,
Chantons des flammes si belles.

Puissent l'Amour & le tems
Près d'eux oublier leurs aîles.

Que des fleurs toujours nouvelles
Embélissent leur Printems.

Chantons deux Amans constans
Chantons des flammes si belles.

On danse.

UN CHASSEUR.

L'Amour est heureux par lui-même.
Sa chaîne est son plus cher trésor.

Que peut-on désirer encor,
Quand on posséde ce qu'on aime ?

L'Amour est heureux, &c.

Tous les rangs sont le rang suprême,
Tous les âges sont l'âge d'or.

L'Amour est heureux, &c.

On danse.

LE GENIE à ses Suivantes.

Bergeres, dans le Temple, emmenez cette Amante,
Sur vos pas à l'inftant, j'y vais conduire Acante.

Les Femmes du Ballet, emmenent CEPHISE
dans le Temple.

SCENE VII.

ACANTE, LE GENIE, Suivants du GENIE.

LE GENIE.

ENfin mon cœur en eſt défarmé.
Acante vous êtes aimé ;
Vous allez être heureux ; je le vois fans envie,
Mais j'exige le prix de l'effort que je fais.

ACANTE.

A payer tant de bienfaits.
Je veux confacrer ma vie.

LE GENIE.

Je ne craint plus d'être indifcret,
Si ce témoignage eſt fincére.
Vos deux cœurs font unis par un charme fecret ;
Ne puis-je de ce nœud pénétrer le myſtére ?

CEPHISE paroît au fond du Théâtre, & écoute.

Si cet aveu doit vous coûter,
Vous pouvez garder le filence.
Je ne veux rien devoir qu'à la reconnoiffance,
C'eſt à vous de vous confulter.

ACANTE,

ACANTE.

Que je ferois ingrat, si quelque défiance
Me faisoit héfiter !
Non, mon cœur à vos yeux s'ouvre sans violence…

SCENE VIII.

CEPHISE ET LES PRECEDENS.

CEPHISE à ACANTE, avec précipitation.

Qu'allez-vous dire ? O ciel !

ACANTE.

Puis-je lui réfister ?

CEPHISE.

Ce secret fait notre défense,
Et vous osez le révéler !

LE GENIE, à CEPHISE.

Téméraire, étouffez un soupçon qui m'offense.

CEPHISE.

Je ne puis le diffimuler :
Acante, au nom des Dieux, gardez-vous de parler !

Que l'Amour m'a bien infpirée !
Au pié de son Autel j'ai tremblé, j'ai frémi,
Je vole dans ces lieux par mon trouble attirée,
Au moment qu'à notre ennemi…

F

LE GENIE.

Ah! C'est trop m'irriter, & ma bonté se lasse.
Puisqu'on ose s'en défier,
C'est à moi de justifier
De ces soupçons l'injurieuse audace.
Aquilons volez à ma voix.

ACANTE & CEPHISE.

Dieux à l'Innocence propices,
L'abandonnerez-vous à de barbares loix?

LE GENIE.

Aquilons volez à ma voix,
Transportez ces ingrats sur d'affreux précipices.

*Les AQUILONS paroissent & se saisisent
D'ACANTE & de CEPHISE.*

ACANTE & CEPHISE.

{ CEPHISE. Acante }
{ ACANTE. Cephise } Je te vois,
Pour la derniére fois.

LE GENIE.

Vous vous verrez encor; mais c'est dans les sup-
plices.

*Deux troupes D'AQUILONS enlévent ACANTE &
CEPHISE dans des nuages, & traversent le Théâtre
en se croisant.*

FIN DU SECOND ACTE.

ACTE TROISIÉME.

Le Théâtre repréſente un Deſert affreux. Des Rochers eſcarpés forment des précipices où tombent des tor- rents. Les creux des Rochers ſont des repaires de Monſ- tres & de Bêtes féroces ; on voit ſur ces Rochers des troncs de vieux arbres entourés de ſerpents. Les deux nuages qui ont enlevé Acante & Cephiſe, viennent ſe repoſer ſur la cime de deux Rochers oppoſés de chaque côté du Théâtre, & entre leſquels un torrent ſe précipite & forme un Goûffre. Les nuages diſparoiſſent & Acante & Cephiſe ſe trouvent enchaînés ſur les deux Rochers par les Aquilons qui les y ont conduits.

SCENE PREMIERE.

ACANTE, CEPHISE, Troupes d'Aquilons, qui les enchaînent. CHŒUR de Genies malfai- ſants qu'on ne voit pas.

CHŒUR qu'on ne voit pas.

Remblez, tremblez malheu- reux.

Des tourmens qu'on vous prépare ;

Une mort barbare
Eſt le moins affreux.

A C A N T E & C E P H I S E.

Ciel ! ô Ciel ! Sois ſenſible à nos vives allarmes !
Protege deux cœurs innocents.

C E P H I S E.

Un Tiran furieux s'abreuve de nos larmes.
Le Barbare trouve des charmes
A l'horreur qui glace nos ſens.

*La Symphonie peint les hurlements
des Bêtes feroces.*

Contre ces Monſtres rugiſſants
Nos ſoupirs font nos ſeules armes.
Ciel ! ô Ciel ! Sois ſenſible à nos vives allarmes !
Protege deux cœurs innocents.

A C A N T E.

L'Amour favoriſoit ma tendreſſe & tes charmes ;
L'Amour n'eſt plus touché de nos cris gémiſſants.

C E P H I S E.

Zirphile nous oublie en ces périls preſſants.

E N S E M B L E.

Ciel ! ô Ciel ! Sois ſenſible à nos vives allarmes !
Protege deux cœurs innocents.

*Le Genie deſcend ſur un Char de feu, le Chœur des
Genies malfaiſants entre ſur la ſcene & entoure les
Rochers.*

SCENE II.

ACANTE ET CEPHISE *fur les Rochers ;*
Le GENIE *fur un Dragon à demi hauteur du*
Théâtre entre ACANTE & CEPHISE. CHŒUR
de GENIES MALFAISANTS *qui entourent les*
Rochers.

LE GENIE & le CHŒUR.

Tremblez, tremblez, malheureux.
Des tourments qu'on vous prépare
Une mort barbare
Eſt le moins affreux.

ACANTE & CEPHISE au Genie.

Hélas! Vous pouvez m'opprimer.
Tournez fur moi les traits d'un courroux impla-
cable,
Si c'eſt un crime que d'aimer,
C'eſt moi qu'il faut punir, je suis {le} {la} plus coupable.

LE GENIE.

Oubliez vous qu'un nœud fatal
Vous condamne à périr enſemble ?

ACANTE se disposant à quitter l'anneau enchanté.

Je vais rompre ce nœud. Qu'elle vive.

CEPHISE.

Je tremble.

Veux-tu m'abandonner aux mains de ton rival ?

ACANTE.

Je veux, de nos tourmens que ma mort te délivre.

CEPHISE.

En est-il pour moi d'égal
A l'horreur de te survivre ?
Soyons unis jusqu'au tombeau.

ACANTE & CEPHISE.

Soyons unis jusqu'au tombeau.
A briser un lien si beau
Que rien ne puisse nous contraindre.
Amour ! Avec ton flambeau
Celui de nos jours doit s'éteindre.

LE GÉNIE.

Rompez un charme qui m'irrite.
Sauvez vous, sauvez moi de mes transports jaloux.

ACANTE & CEPHISE.

Aimons-nous, aimons-nous.

LE GENIE.

Pour la derniere fois ma pitié vous invite
A vous dérober à mes coups.

ACANTE ET CEPHISE.

Aimons nous, aimons nous.

LE GENIE.

Je vais donc me livrer tout entier à ma haîne.

Venez esprits cruels, inventez quelque peine,
Qui soit égale aux maux où l'Amour m'a plongé.
J'aime ; mais je suis outragé.
Je vais voir à mes pieds expirer l'inhumaine :
Je serai malheureux ; mais je serai vengé.

*Une troupe d'Esprits cruels arrive
en dansant sur le Théâtre.*

Haîne implacable,
Guide leurs pas.

LE CHŒUR.

Haîne implacable,
Guide nos pas.

ACANTE.

Hélas ! Cruel Tiran, hélas !
Respecte un objet trop aimable.

LE GÉNIE & le CHŒUR.

La cruelle est impitoiable.

Pourquoi ne le $\left\{\begin{array}{l}\text{ferois - je}\\\text{ferions-nous}\end{array}\right\}$ pas ?

Plus elle a d'appas,
Plus elle est coupable.

Haîne implacable

Guide $\left\{\begin{array}{l}\text{leurs}\\\text{nos}\end{array}\right\}$ pas.

On danse.

LE GÉNIE & le CHŒUR pendant la danse.

Haîne implacable.

Guide $\left\{\begin{array}{l}\text{leurs}\\\text{nos}\end{array}\right\}$ pas.

ACANTE & CEPHISE.

Helas !

La Symphonie est mêlée de traits qui répondent aux gémissemens des deux Amans.

LE CHŒUR.

La cruelle est impitoyable ;
Pourquoi ne le ferions nous pas ?

A C A N T E

ACANTE & CEPHISE.

Helas !

LE CHŒUR.

Plus elle a d'appas,
Plus elle est coupable.
Haîne implacable,
Guide nos pas.

ACANTE & CEPHISE.

Helas !

LE GENIE à Acante lui montrant Céphise.
Voici l'instant de son suplice.
Parle, ou je l'immole à tes yeux.

ACANTE & CEPHISE.

Secourez-nous, grands Dieux !

LE GENIE, à Acante.

Répons.

ACANTE & CEPHISE.

Secourez-nous, grands Dieux !

LE GENIE.

Qu'il expire..... qu'elle périsse.

*Les esprits cruels montent en dansant sur les rochers,
& levent le poignard sur Acante & sur Cephise.*

G

ACANTE.

O fureur ! ô mortel effroi !
Barbarre arête, écoute-moi.

Tout à coup le Théâtre change au bruit du Tonnerre. Le Char du Génie est précipité ; les Rochers s'abîment avec les Génies & le Théâtre repréfente un Palais brillant & magnifique. Les deux Amans dégagés de leurs chaînes fe trouvent dans les galerie de la partie en avant de ce Palais. Zirphile paroît au fond entourrée de toute fa Cour, & de celle d'Oroës que le Deftin vient de lui foumettre. Elle eft fur un Trône placé au milieu d'un grand Salon plus élevé que le Veftibule, & où l'on monte par un grand dégré.

SCENE DERNIERE.

ZIRPHILE *sur son Trône* ACANTE ET CEPHISE. CHŒURS DE GENIES, DE FÉES, ET D'ESPRITS AERIENS *qui entourent le Trône de Zirphile.*

CHŒUR.

Zirphile est notre Reine.
Accourons à sa voix.
Rangeons-nous sous les loix
De notre souveraine.
Accourons à sa voix.

ZIRPHILE *sur son Trône.*

Triomphe ! Victoire !
Un Heros voit le jour
Rendons grace à l'Amour !
Triomphe ! Victoire !

Zirphile descend de son Trône. Acante & Céphise vont au-devant d'elle, & lui donnent la main. Toutes les Troupes de Génies, de Fées, & d'Esprits Aëriens descendent en même tems dans la partie en avant du Theâtre, & dansent, pendant qu'on chante le Chœur suivant.

 ACANTE

Tous les CHŒURS avec *ACANTE*, *CEPHISE*
& ZIRPHILE.

Triomphe ! Victoire !
Un Heros voit le jour.
Rendons grace à l'Amour.
Triomphe ! Victoire !

ACANTE & CEPHISE.

Regne Amour, jouis de ta gloire.
Des maux que tu nous faits,
Un seul de tes bienfaits
Efface la mémoire.

TOUS.

Un Heros voit le jour
Rendons grace à l'Amour,
Triomphe ! Victoire !

ZIRPHILE.

Du plus beau nœud que l'Amour ait formé
J'ai vû naître le plus beau gage.
J'ai vû ce Dieu charmé
Sourire à son image.
J'ai reçu dans mes bras son plus parfait ouvrage.

De mes dons je l'ai couronné ;
Et l'Empire des airs devenu mon partage ,
   à Céphise & à Acante

Votre ennemi cruel à mes pieds enchaîné ,
La tranquille douceur du nœud qui vous engage ,
Sont le prix qu'à mes soins les destins ont donné.

ACANTE.

   Amour ! Amour ! C'est le miracle
   Que nous annonçoit ton oracle.
Tous les cœurs sont heureux , notre espoir est
     rempli ,
   Et ton oracle est accompli.

TOUS.

   Triomphe ! Victoire !
   Un Héros voit le jour
   Rendons grace à l'Amour
   Triomphe ! Victoire !

Les différentes Troupes de Fées , de Génies , & d'Esprits Aëriens rendent en dansant hommage à Zirphile leur nouvelle souveraine qui est debout au milieu du Theâtre.

ZIRPHILE avec enthousiasme en interrompant
la danse qui l'entoure.

Où suis-je ? Et qu'est-ce que je vois ?

Mes yeux, de l'avenir percent le sombre voile.
O digne sang des plus grands Rois !
Quels destins éclatants m'annonce ton étoile !
Quel tissu de bienfaits, de vertus, & d'exploits !

La Symphonie peint un bruit de Guerre.

Sur les ailes de la victoire
Je te vois voler à la gloire.

CHŒUR, en s'approchaut de Zirphile.

Que nous annoncez-vous ? ô Dieux !
Faut-il trembler encor pour ce sang précieux ?

Une Symphonie douce & agréable succede à ce bruit de
Guerre.

ZIRPHILE.

Rassurez-vous. Le Ciel favorable à la Terre,
Prend soin des dons qu'il vous a faits.
Ce Héros échappé des fureurs de la Guerre,
Viendra déposer son Tonnerre
Aux pieds des autels de la Paix.

Une troupe de Bergers entrent en danſant.

UN BERGER *avec une* BERGERE
alternativement avec le CHŒUR.

Reſonnez tendre muſettes :
Le plaiſir anime vos ſons.
Nos cœurs parlent dans nos chanſons,
Et vous êtes
Les Interprêtes
Du bonheur dont nous jouiſſons.

LE CHŒUR.

Reſonnez tendres muſettes, &c.

Soyez muettes
Au bruit des exploits ;
Mais quand ſous de douces loix
La paix regne dans nos bois ;

LE CHŒUR.

Reſonnez tendres muſettes, &c.

Nos voix ſinceres & diſcrettes
Peuvent toucher les Immortels ,
Ils aiment à voir leurs Autels
Couverts des mêmes fleurs qui parent nos houlettes.

L E C H Œ U R.

Resonnez tendres musettes, &c.

*Une Troupe de Peuples de differens caractères
entrent en dansant.*

A C A N T E.

Aigle naissant, leve les yeux
Elance toi vers la lumiere,
Volé, plane au plus haut des Cieux.

La Gloire, astre de tes Ayeux,
Trace de ses rayons ta brillante carriere

Aigle naissant, leve les yeux
Elance toi vers la lumiere,
Vole, plane au plus haut des Cieux.

*On danse, & le Ballet devient général dans
toutes les différentes parties du Théâtre.*

ACANTE, CEPHISE, ZIRPHILE, *les deux*
CORIPHÉES, & *tous les* CŒURS.

A nos Concerts que la terre réponde,
Que tout forme des chants d'allegresse & d'amour.
UN BOURBON qui reçoit le jour,
Est un astre qui naît pour le bonheur du monde.
CEPHISE

CEPHISE.

Lance tes feux naissante Aurore.
Que tes bienfaits marquent ton cours.

Le jour qui vient d'éclore
Est le plus beau des jours.

Lance tes feux, &c.

GRAND CHŒUR, avec tous les Recitants.

Vive la race de nos Rois,
C'est la source de notre gloire.

Puissent leurs régnes & leurs loix
Durer autant que leur mémoire.

Vive la race de nos Rois,
C'est la source de notre gloire.

Que leur nom soit à jamais
Le signal de la Victoire :
Que leur nom soit à jamais
Le présage de la Paix.

Vive la race de nos Rois,
C'est la source de notre gloire.

Puissent leurs régnes & leurs loix

Durer autant que leur mémoire.

Vive la race de nos Rois.

Pendant le CHŒUR, *toute la Danse forme un Ballet général sur une Contre-danse, que tous les Instruments jouent, & qui sert d'accompagnement à ce* CHŒUR, *à la fin duquel tout le monde se retire en chantant & en dansant.*

F I N.

A P P R O B A T I O N.

J'Ai lû par ordre de Monseigneur le Chancelier, *Acante & Cephise, ou la Sympatie, Pastorale Héroïque :* Et je n'ai rien trouvé dans ce Ballet qui doive en empêcher l'impression. A Fontainebleau, ce deux Novembre 1751. DEMONCRIF.

P R I V I L E G E   D U   R O Y.

LOUIS par la grace de Dieu, Roy de France & de Navarre : A nos amés & feaux Conseillers, les Gens tenans nos Cours de Parlemens, Maîtres des Requêtes ordinaires de nôtre Hôtel, Grand'Conseil, Prevôt de Paris, Baillifs, Sénéchaux, leurs Lieutenans Civils, & autres nos Justiciers qu'il appartiendra, Salut. Nôtre très-cher & bien amé le Sieur LOUIS-ARMAND EUGENE DE THURET, cy-devant Capitaine au Regiment de Picardie; Nous a fait représenter que, par Arrest de nôtre Conseil du 30 May 1733. Nous avons revoqué le Privilege qui avoit été accordé au Sieur le Comte & ses Associez, pour raison de l'Académie Royale de Musique, les circonstances & dépendances, & rétabli ledit Privilege en faveur dudit Sieur Exposant, pour en joüir par lui, ses Associez, Cessionnaires & ayans-cause, aux charges & conditions portées par ledit Arrest, pendant le temps & espace de vingt-neuf années, à compter du premier Avril de ladite année 1733 & que pour l'exploitation dudit Privilege, ledit Sieur Exposant se trouve obligé de faire imprimer & graver les Paroles & la Musique des Opera qui doivent être représentés; mais que pour cet effet il a besoin de notre Permission & des Lettres qu'il Nous a très-humblement fait supplier de lui accorder. A CES CAUSES, voulant favorablement traiter ledi

Expofant : Nous lui avons permis & permettons par ces Préfentes , de faire imprimer
& graver *les Paroles & Mufique des Opera , Ballets & Fêtes qui ont été ou qui feront reprefen
tés , par l'Academie Royale de Mufique , tant féparément que conjointement ,* en tels Volume
forme , marge , caractere , & autant de fois que bon lui femblera , & de les faire vendre & debiter partout notre Royaume ; pendant le temps de vingt-neuf années confecutives à
compter du jour de la datte defdites Préfentes. Faifons défenfes à toutes perfonnes de quelque qualité & condition qu'elles foient d'en introduire d'Impreffion ou Gravures Etrangere
dans aucun lieu de notre obéiffance : Comme auffi à tous Imprimeurs, Libraires,
Graveurs, Imprimeurs Marchands en Taille-Douce , & autres de graver , ni faire graver
d'imprimer , ou faire imprimer , vendre , faire vendre , debiter ni contrefaire lefdites
Impreffions, Planches & Figures de Paroles, de Mufique des Opera , Ballets & Fêtes, qui
ont été ou qui feront reprefentez par ladite Academie Royale de Mufique , tant féparément
que conjointement en tout ni en partie, fans la permiffion expreffe & par écrit dudit
Sieur Expofant, ou de ceux qui auront droit de lui ; à peine de confifcation tant des Planches
& figures que des Exemplaires contrefaits, & des Uftanciles qui auront fervi à ladite contre-
façon, que Nous entendons être faifis en quelque lieu qu'ils foient trouvez , de dix
mille livres d'amende contre chacun des Contrevenans, dont un tiers à Nous, un tiers à
l'Hôtel-Dieu de Paris, l'autre tiers audit Sieur Expofant, & de tous dépens, dommages
& intérefts, à la charge que ces Préfentes feront enregiftrées tout au long fur le Regiftre
de la Communauté des Libraires & Imprimeurs de Paris, dans trois mois de la datte d'i-
celles ; que la Gravure & Impreffion defdites Paroles & Opera fera faite dans notre Royaume & non ailleurs, en bon papier & beaux caracteres, conformément aux Reglemens de
la Librairie , & notamment à celui du dix Avril 1725. & qu'avant de l'expofer en vente,
les Manufcrits gravés ou imprimé feront remis dans le même état où l'Approbation y aura été
donnée és mains de notre très-cher & feal Chevalier Garde des Sceaux de France , le Sr Chauvelin ; qu'il en fera remis deux Exemplaires de chacun dans notre Bibliotheque publique un dans
celle de notre Château du Louvre , & un dans celle de notre très-cher & feal Chevalier
Garde des Sceaux de France le Sr Chauvelin. Le tout à peine de nullité des Préfentes ; Du
contenu defquelles Vous mandons & enjoignons de faire jouir ledit Sieur Expofant, ou
fes Ayants-caufe, pleinement & paifiblement fans fouffrir qu'il leur foit fait aucun trouble
ou empêchement. Voulons que la Copie defdites Préfentes , qui fera imprimée tout au long
au commencement ou à la fin dudit Ouvrage , foit tenue pour dûement fignifiée ; & qu'aux
Copies collationnées par l'un de nos amés & feaux Confeillers & Secretaires , foy foit ajoûtée
comme à l'Original. Commandons au premier notre Huiffier ou Sergent, de faire pour l'e-
xécution d'icelles tous Actes requis & neceffaires , fans demander autre permiffion , & no-
nobftant Clameur de Haro, Chartre Normande & Lettres à ce contraires. CAR tel eft nôtre
plaifir. DONNE' à Fontainebleau , le douziéme jour du mois de Novembre , l'An de
Grace mil fept cent trente-quatre , & de notre Regne le vingtiéme. Et plus bas, Par le
Roy en fon Confeil. *Signé* SAINSON , avec paraphe.

*Regiftré fur le Regiftre VIII. de la Chambre Royale des Libraires & Imprimeurs de
Paris , N. 797. fol. 779. conformément aux anciens Réglemens , confirmés par celui
du 28 Février 1723. A Paris le 23 Novembre 1734.*

G. MARTIN, *Syndic.*